NOTICE

SUR

LES TRAVAUX DE M. L. I. DUPERREY,

ANCIEN OFFICIER SUPÉRIEUR DE LA MARINE, MEMBRE DE LA SOCIÉTÉ PHILOMATIQUE
DE PARIS ET DE LA SOCIÉTÉ DE GÉOGRAPHIE DE LONDRES.

Ma vocation pour la marine a été déterminée par l'état de guerre dans lequel la France est restée jusqu'à la chute du gouvernement impérial. Jusqu'à cette époque, et depuis l'année 1803, que, sortant de suivre les cours de mathématiques du célèbre professeur M. Lacroix, j'ai été fait aspirant de première classe, j'ai eu principalement pour but d'acquérir une connaissance approfondie de tout ce qui était relatif à l'art de la marine, considéré sous le point de vue militaire. Mais ce n'est pas ici le cas de parler des services que j'ai pu rendre dans les différents grades qui m'ont été accordés, et d'ailleurs les témoignages de confiance et d'affection dont j'ai été honoré dans cette première période de ma vie semblent devoir me dispenser de tout développement à cet égard.

Les premières opérations scientifiques qui m'ont été confiées par ordre du ministère de la marine datent de l'année 1811. A cette époque, je fus appelé, avec M. le lieutenant de vaisseau Gauttier, à faire une reconnaissance hydrographique rigoureusement exacte et très-détaillée de la portion des côtes de la Toscane qui comprend le Mont-Argental, le lac d'Orbitello et les baies de San-Stéphano et de Porto-Ercole. Ce travail, auquel le gouvernement attachait une grande importance, fut exécuté, dans moins de deux mois, au milieu d'une population hostile et en présence des croiseurs anglais qui parvinrent à saisir tous nos instruments, mais sans réussir à s'emparer des documents que nous venions de recueillir, et que nous eûmes le bonheur de rapporter en France.

La paix survenue quelques années plus tard m'offrit l'occasion, tout en continuant à remplir mes fonctions d'officier de la marine, de me livrer à des travaux scientifiques, et de compléter des études qui me mettaient à même de rendre quel-

1842

1

ques services dans les voyages de découvertes que le gouvernement se proposait de faire exécuter.

L'on sait par la relation du voyage de la corvette *l'Uranie*, et par les Rapports qui ont été faits à l'Académie des Sciences sur cette brillante expédition, quelle a été ma part dans les opérations qui en avaient été l'objet. On a pu voir que M. de Freycinet me faisait souvent partager avec lui les soins qu'il donnait aux expériences du pendule, ainsi qu'aux observations astronomiques, magnétiques et météorologiques, indépendamment des opérations hydrographiques qu'il m'avait confiées, et dont il m'avait rendu personnellement responsable.

Je n'ai pas la prétention de croire que mes reconnaissances hydrographiques aient toutes été faites avec le degré d'exactitude que l'on obtient dans les missions spécialement consacrées à ce genre d'opération : le temps qui m'était prescrit m'obligeait quelquefois à beaucoup de précipitation, et cela dans la crainte de manquer la seule occasion, peut-être, de pouvoir offrir quelques renseignements utiles aux voyageurs qui, plus tard, seraient conduits dans les mêmes parages. Néanmoins, je crois pouvoir signaler ici comme devant être acceptés avec confiance :

La carte du détroit de Bourou;

La carte de la partie nord de l'île Waigiou, comprise entre l'île Manouëran et le havre de Boni;

Le plan de l'île et du mouillage de Rawak;

La carte d'une partie des îles Carolines, situées dans le prolongement du méridien des îles Mariannes;

La carte générale de l'archipel des îles Mariannes;

La carte générale de l'île de Guam;

Les plans de la baie d'Umata, du Port-San-Luiz d'Apra et du havre de Tarofofo, qui appartiennent à cette île;

Les plans du port d'Onorourou et des différents mouillages de la corvette l'Uranie, dans les îles Sandwich;

Les plans de la partie occidentale de la baie française, de la rivière de Bougainville et des ports Saint-Louis et Duperrey, aux îles Malouines.

On connaît les motifs qui m'ont empêché d'examiner dans tous ses détails la partie orientale de la baie française; l'on sait quelle était notre position dans cette baie par suite du naufrage de *l'Uranie*, et l'on sait, d'ailleurs, qu'ayant exprimé le désir de me rendre à Montévidéo, dans le but d'assurer le salut de l'expédition, je dus consacrer une grande partie de mon temps aux travaux qui furent exécutés pour transformer la chaloupe en un petit navire capable de franchir l'espace de 340 lieues que j'avais le projet de lui faire parcourir.

En arrivant en France, j'ai remis à M. de Freycinet les mémoires dans lesquels j'avais consigné tous les éléments hydrographiques que je venais de recueillir, ainsi que les moyens mis en usage pour me les procurer. Les cartes avaient été construites pendant la campagne; mais elles ont été l'objet d'une révision complète, lorsque, plus tard, les résultats des observations astronomiques ont été définitivement obtenus.

La longitude de l'île de Guam, fondée sur un trop petit nombre de distances lunaires, que l'on avait observées pendant que j'étais à lever le contour de cette île, m'avait inspiré des doutes qui étaient en effet motivés, mais auxquels j'ai remédié dans le voyage de *la Coquille*, en déterminant de nouveau, en 1824, la position de quelques îles voisines et qui sont communes aux deux expéditions. La Notice que j'ai rédigée sur cette matière ayant été accueillie par M. de Freycinet, se trouve insérée dans l'Appendice de la Relation historique de son voyage.

J'ai fait, durant la campagne de *l'Uranie*, plusieurs remarques qui n'avaient encore fixé l'attention de personne. Je citerai notamment celle qui est relative à la formation de ces passes étroites et profondes qui existent dans les récifs dont les îles de la mer du Sud sont enveloppées. En contournant l'île de Guam dans l'espace compris entre ces récifs et la côte, j'ai constaté ce fait curieux, selon moi, que les passes sont toujours dans le prolongement des cours d'eau du rivage, et j'ai acquis la certitude que c'est par voie d'infiltration et non pas par voie de dérivation que les eaux douces empêchent les zooplites de construire dans l'emplacement des passes dont il s'agit. J'ai communiqué ce fait, il y a un grand nombre d'années, à plusieurs savants qui en ont conservé le souvenir.

Au mois de novembre 1821, je présentai à M. de Clermont-Tonnerre, alors ministre de la marine, le plan d'une nouvelle expédition scientifique. Ce projet ayant été approuvé, la corvette *la Coquille* fut armée à Toulon, et je reçus l'ordre d'en prendre le commandement.

La Coquille appareilla du port de Toulon le 11 août 1822, relâcha sur la rade de Sainte-Croix de Ténériffe, prit successivement connaissance de la partie nord de l'île Saint-Antoine et des îlots de Martin-Vaz et de la Trinité, dont elle rectifia la position. Elle se dirigeait alors sur les îles Malouines; mais l'intérêt que présentait une relâche sur un point peu éloigné de la côte du Brésil me détermina à la conduire au mouillage de Sainte-Catherine, où elle séjourna du 16 au 30 octobre.

Ce point est le premier de la campagne sur lequel les naturalistes et les officiers de l'expédition ont pu se livrer aux différentes recherches qui avaient été indiquées par l'Académie des Sciences.

1.

— 4 —

Le 18 novembre, *la Coquille* atteignit le Port-Louis, situé au fond de la baie française, partie orientale des îles Malouines.

Malgré les contrariétés que présente l'atmosphère dans ces parages, je parvins cependant à réunir un grand nombre d'observations et notamment plusieurs séries du pendule, qui, calculées depuis à Paris par M. Mathieu, ont donné les résultats les plus satisfaisants.

La Coquille mit sous voiles le 18 décembre ; le 1er janvier 1823, elle coupa le méridien du cap Horn par 57° 50′ de latitude sud. Elle fit un court séjour à la Conception du Chili et à Lima, et elle se rendit à Payta, dont la position intermédiaire, par rapport aux équateurs terrestre et magnétique, était on ne peut plus favorable à l'étude des mouvements diurnes de l'aiguille aimantée. Ici on leva un plan détaillé du mouillage et des côtes comprises entre Colan et l'île Lobos.

Partie de Payta le 22 mars, la corvette *la Coquille* s'est lancée dans le grand océan équatorial ; elle a vainement cherché le Trépied, petit groupe dont quelques cartes font encore mention ; mais en parcourant dans l'archipel Dangereux la route que devait suivre l'une des frégates de l'infortuné la Pérouse, elle a découvert les îles Clermont-Tonnerre et de Lostange et rectifié la position des îles Serles, Narcisse, Moller, Laharpe et le pic de la Boudeuse.

En nous éloignant de ces récifs madréporiques, nous fîmes route pour l'archipel des îles de la Société. Dès la matinée du 3 mai, nous prolongeâmes, à petite distance, la partie N. E. de Taïti, et le soir du même jour nous mouillâmes sur la rade de Matavaï, où les naturels revoyaient pour la première fois le pavillon que Bougainville leur avait montré en 1768. Cette relâche et celle que nous fîmes du 25 mai au 9 juin dans l'île de Borabora, nous ont offert les moyens de donner à nos différentes recherches une extension considérable.

Le 9 juin, *la Coquille* se dirigea vers l'O., en prenant successivement connaissance des îles Salvage, Eoa, Santa-Cruz, Bougainville et Banka, et elle jeta l'ancre, le 12 août, dans le Port-Praslin, situé auprès du cap Saint-Georges de la Nouvelle-Irlande. Les relations amicales qui s'établirent avec les naturels ont permis d'ajouter à l'histoire de l'homme quelques traits singuliers que les précédents voyageurs n'avaient pas eu l'occasion de remarquer.

Immédiatement après avoir franchi le canal Saint-Georges, dont la carte fut levée avec soin, nous fîmes route pour les îles anciennement découvertes par Schouten, au N. E. de la Nouvelle-Guinée, et nous en déterminâmes la position pendant les journées du 26 au 28 août. La recherche des îles Stéphens, de Carteret, fut infructueuse.

Le 4 septembre, nous reconnûmes le cap septentrional de la Nouvelle-Guinée, et nous eûmes la satisfaction de voir que les montres marines s'accordaient parfaitement avec la détermination fixée dans le voyage à la recherche de la Pérouse: ainsi, dès ce moment, nous eûmes la certitude que toutes nos opérations géographiques étaient parfaitement liées avec celles de cette expédition.

Dans la soirée du 6 septembre, *la Coquille* donna dans la passe étroite et rocailleuse du havre d'Offak, partie N. de l'île Waigiou, et mouilla dans une petite anse située auprès du goulet. Il était intéressant, pour la géographie, de constater l'existence d'une baie méridionale qui n'est séparée d'Offak que par un isthme très-étroit. La position de cette baie et le plan du havre d'Offak ont été liés avec le travail que j'avais déjà eu l'occasion de faire sur cette côte, dans la campagne de *l'Uranie*.

Continuant sa route, l'expédition fit une courte relâche à Caïeli, et elle se rendit à Amboine, où elle séjourna pour laisser prendre quelque repos à l'équipage. Elle remit sous voiles le 27 octobre et se dirigea sur Timor en passant à l'O. des îles Turtles et Lucepara.

Après avoir déterminé, le 4 novembre, la position de l'île du Volcan, et passé en revue les îles Wetter, Babi, Dog et Cambi, elle franchit le détroit d'Ombay, en prenant un grand nombre de relèvements sur la longue chaîne d'îles qui, de Pantar et Ombay, se dirige vers Java.

Après avoir reconnu les îles Savu, nous cherchâmes vainement les Triall dans la place qui leur est assignée. Les vents contraires ne nous permirent pas de ranger la côte occidentale de la Nouvelle-Hollande, comme j'en avais le projet. Nous doublâmes les terres de Van-Diemen le 10 janvier 1824, et, le 17, nous mouillâmes au Port-Jackson.

Le gouverneur sir Thomas Brisbane, auquel l'expédition était annoncée, mit le plus grand empressement à favoriser toutes nos opérations, et notamment celles du pendule; il procura aussi aux naturalistes les moyens d'explorer avec succès les montagnes Bleues et les plaines de Batthurst, situées au delà.

Partie de Port-Jackson le 20 mars 1824, la corvette *la Coquille* fut dirigée sur la Nouvelle-Zélande, et mouilla, le 3 avril, dans la baie de Manawa, au fond de la baie des Iles. Nous levâmes un plan du mouillage et de la baie, et nous joignîmes à ce travail celui de la rivière Kedekede qui conduit à l'établissement des missionnaires.

Le 17 avril, après un coup de vent violent, *la Coquille* quitta ces parages. Le 1er mai, elle mit en panne auprès de l'île Rotouma et communiqua avec les insulaires, sur lesquels on obtint des documents d'un grand intérêt. Les journées du 9 et du 10 furent employées à la reconnaissance des îles Cocal et Saint-Augustin, découvertes par Maurelle en 1781.

A partir de ce point, il n'est plus possible de suivre *la Coquille* pas à pas ; l'énumération des nombreuses îles basses à travers lequelles je l'ai dirigée m'entraînerait dans des détails que l'étendue de cette notice ne comporte pas. Je me bornerai donc à dire que, du 15 au 27 mai, depuis 1° 30′ de latitude sud jusque par 7° de latitude nord, elle n'a cessé de prolonger des récifs parmi lesquels j'ai reconnu les îles Drummont et Sydenham, les îles Hopper, Woodle et Henderville, l'île Hall, les îles Knoy, Gilbert, Charlotte et Mathews, et le groupe des Mulgrave, dont j'ai dressé une carte générale.

Le 28, nous rectifiâmes la position des îles Bonham, et nous découvrîmes au N. de ce groupe une longue chaîne d'îles, qui reçut le nom de *la Coquille*.

De cette longue chaîne, nous nous portâmes sur le parallèle de l'île Hope, que nous avons parcouru depuis le 165° degré de longitude sans rien apercevoir. Continuant de courir à l'O., nous atteignîmes, le 3 juin, la position de l'île Oualan que le capitaine américain Crozer n'avait vue que du haut des mâts, en 1804.

Cette terre haute n'étant pas indiquée dans les cartes, nous eûmes le désir d'en prendre une connaissance complète. Le 5, nous découvrîmes à la partie N. O. un havre spacieux formé par des récifs, qui prit le nom de *la Coquille*, et nous y mouillâmes après avoir franchi, malgré les vents et les courants contraires, une passe ayant tout au plus 170 mètres de largeur.

Il est aisé de concevoir avec quel empressement nous descendîmes dans cette île que les Européens abordaient pour la première fois. Les naturalistes commencèrent, dès le premier jour, leurs recherches ; on recueillit sur les insulaires tout ce qui était de nature à fixer l'attention. Les officiers firent le tour de l'île pour en examiner tous les détails, et l'on sonda avec soin les havres de la Coquille et de Chabrol.

La corvette quitta le havre de la Coquille le 15 juin ; elle chercha sans succès l'île Teyoa, qui, ainsi que l'île Hope, paraît se confondre avec Oualan, mais elle vit de nouvelles îles dont les noms donnés par les naturels sont Pelelap, Tougoulou, Takai, Ougai, Mougoul et Aoura. Les trois premières avaient été découvertes en 1809 par Mac-Askill. Quant aux trois autres, elles appartiennent à notre voyage.

Le 23 juin, nous fixâmes la position d'une île que je nommai d'Urville.

Le 24, nous découvrîmes enfin le groupe d'Hogoleu, que le capitaine Kotzebue avait vainement cherché sous une latitude trop septentrionale. Je le reconnus à quelques noms d'îles qui me furent donnés par les habitants, et dont la carte systématique du père Cantova fait en effet mention. Ce groupe, dont la géographie fut faite pendant les journées du 24 au 27 juin, a environ trente lieues de circonférence ; il consiste en deux systèmes d'îles hautes, placés au milieu d'un vaste lagon autour duquel sont distribuées, sur un même récif et à de grandes distances les unes des autres, de petites îles basses habitées et bien boisées.

Le 30, nous prîmes connaissance de l'île Tamatam qui avait été vue dans le voyage de *l'Uranie*. Nous avons vainement cherché les îles Lamorsek, Ifelouk et Isoolouk dans la position que leur assignaient Arrowsmith et Malaspina ; mais, le 3 juillet, nous avons découvert l'île Bigali, et, le 5 suivant, l'île Satahoual, d'où j'ai été définitivement fixé sur la position des îles désignées plus haut, ainsi que sur tous les groupes dont parle le père Cantova.

La mousson d'O. s'étant prononcée dans ces parages, nous vînmes explorer la partie N. de la Nouvelle-Guinée. La relâche au havre de Doreri fut importante sous le double rapport de la géographie et de l'histoire naturelle. On mesura la hauteur des montagnes d'Arfack, que nos observations portent à 2984 mètres au-dessus du niveau de la mer.

Après avoir de nouveau traversé les Moluques, l'expédition fit une courte relâche à Sourabaya, sur la côte de Java, et arriva, le 30 octobre, aux îles de France et de Bourbon.

Nous quittâmes ces îles le 23 novembre ; nous relâchâmes à Sainte-Hélène et à l'Ascension, où nous terminâmes les observations du voyage, et nous arrivâmes enfin à Marseille le 24 avril 1825, après 31 mois et 13 jours de campagne, ayant fait 24894 lieues, sans avoir perdu un seul homme, sans malades et sans avaries.

Les Rapports qui ont été lus à l'Académie des Sciences par MM. Arago et Cuvier, au nom de commissions nommées à l'effet d'examiner les matériaux recueillis dans le voyage dont je viens de donner une idée sommaire, ont fait connaître en détail tous les services que cette expédition a rendus à la géographie, ainsi qu'aux sciences physiques et naturelles.

La nécessité d'établir sur des bases certaines l'harmonie qui devait exister entre nous pendant la durée de la campagne nous avait fait prendre la résolution, avant le départ, de nous partager les travaux projetés selon nos goûts prédominants. C'est ainsi qu'indépendamment des devoirs que j'avais été appelé à remplir comme chef de l'expédition, je m'étais réservé l'exécution des travaux d'hydrographie et de physique, avec le concours des officiers de la corvette.

A mon retour en France, voulant donner aux positions géographiques et à la configuration des terres aperçues toute l'exactitude désirable, j'ai pris le soin minutieux de recalculer toutes les observations astronomiques, et de reconstruire toutes les cartes qui avaient été provisoirement dressées pendant la campagne. Les moyens que j'ai employés pour fixer les méridiens des stations principales et pour en faire dépendre les longitudes chronométriques, ont été publiés, ainsi que tous les résultats obtenus, dans *les Additions à la Connaissance des temps pour l'année 1830*, dans l'*Introduction à l'Atlas*, et dans la *Partie hydrographique* du voyage.

Parmi les cartes qui composent l'*Atlas hydrographique du Voyage*, celles auxquelles mon nom est plus spécialement attaché, en raison de la part que j'ai prise à leur exécution, sont les suivantes :

Carte générale des îles Pomotou.

Plans de l'île et du port de Borabora.

Carte générale des îles de la Société.

Carte générale des îles situées à l'ouest et au-sud des îles de la Société.

Carte du canal Saint-Georges (Nouvelle-Irlande).

Carte des îles Schouten, au N. E. de la Nouvelle-Guinée.

Plan du havre d'Offak (Ile Waigiou).

Carte d'une partie de la Terre des Papous, située au N.O. de la Nouvelle-Guinée.

Carte du détroit de Guébé.

Carte du détroit d'Ombai.

Carte générale des îles Gilbert et de la partie méridionale des îles Marshall.

Carte générale des îles Carolines.

Carte du détroit de Wangi-Wangi (partie E. de l'Ile Boutoun).

Plan de l'île de l'Ascension.

A l'époque du voyage de *la Coquille*, il n'existait aucune carte de cette prodigieuse quantité d'îles basses qui constituent les deux plus vastes archipels du Grand-Océan. Je veux parler des îles Pomotou, qui sont à l'E. des îles de la Société, et des îles Carolines, qui occupent une étendue si considérable à l'E. des îles Philippines. J'ai rendu ces cartes, et plusieurs autres du voyage, aussi complètes que possible, en y faisant figurer toutes les terres qui existent dans les portions du globe qu'elles sont destinées à représenter ; en cela, je crois les avoir rendues plus utiles à la navigation qu'elles ne l'auraient été si je m'étais borné à ne présenter que les points qui appartiennent à notre expédition. Pour remplir cette obligation, qui m'a paru indispensable, j'ai consulté les auteurs les plus accrédités ; j'ai mis à contribution les reconnaissances les plus récentes et les plus exactes, et j'ai porté également toute mon attention sur les résultats obtenus dans les anciens voyages. De l'examen attentif et de la comparaison des documents que ces recherches m'ont procurés, j'ai déduit des identités incontestables et de nombreuses rectifications auxquelles j'ai assujetti l'hydrographie des contrées dont je me suis spécialement occupé, et j'ai, aujourd'hui, la satisfaction de pouvoir annoncer que toutes les anciennes découvertes rapportées dans mes cartes ont été retrouvées, depuis peu d'années, à très-peu de chose près, dans la position que j'étais parvenu à leur assigner.

L'étude des courants m'a fait découvrir un grand nombre de faits que l'étendue de cette Notice ne me permet pas de reproduire ici ; je rappellerai néanmoins qu'en franchissant le détroit de Gibraltar, au départ et au retour du voyage de *la Coquille*, j'ai déterminé, avec autant de précision que possible, la vitesse du courant qui pénètre dans la Méditerranée ; et qu'en dirigeant la corvette dans les parages du Rio de la Plata, j'ai reconnu que la dérivation des eaux de ce fleuve donnait lieu à deux courants dirigés, l'un à l'E. N. E., l'autre au S. S. E., dont l'action se faisait parfaitement sentir à environ 200 lieues de Montévidéo.

Je rappellerai aussi que j'ai publié en 1831 une *Carte du mouvement des eaux à la surface* du *Grand-Océan austral*, destinée à faire connaître leur marche dans cette vaste partie du globe.

La question que je me proposais de résoudre lorsque j'ai entrepris ce travail, fondé sur la méthode directe et sur les anomalies que présentent dans certains parages les températures de la mer, était de savoir quelle était la cause qui portait des eaux froides sur les côtes du Pérou, et des eaux chaudes le long des terres Magellaniques, de la terre de Feu et des îles Malouines ; et cette cause s'est trouvée immédiatement expliquée pour moi, par la nature, la direction et la puissance d'un grand courant austral, qui prend son origine dans les régions polaires, non pas au S. du cap Horn, comme on l'avait présumé jusqu'alors, mais bien au delà dans l'O. de ce cap, entre le 165ᵉ degré de longitude E. et le 134ᵉ degré de longitude O. Ce courant, aidé ou causé par les vents qui règnent dans les régions qu'il parcourt, se dirige d'abord au N. N. E. depuis son origine jusqu'au 50ᵉ degré de latitude, et se porte ensuite à l'E. N. E. vers la côte occidentale de l'Amérique du Sud, qui, lui offrant un obstacle, l'oblige à se diviser en deux branches. La première de ces branches, et c'est la plus étendue, se replie sur elle-même à l'E. de l'île de Pâques, d'où elle se dirige de manière à constituer, du moins en partie, le courant équinoxial dont le mouvement s'effectue vers l'O. Les eaux de la bande orientale de cette première branche baignent les côtes du Chili et du Pérou, en se dirigeant au N. et au N. N. O., et s'échappent vers les îles Galapagos, du moment où elles sont parvenues à la hauteur du cap Parina, ainsi que M. de Humboldt en avait fait la remarque dans son *Voyage aux régions équinoxiales du nouveau continent*.

La deuxième branche du courant austral est incomparablement moins considérable que la première dont elle n'est pour ainsi dire que le trop plein : elle longe toutes les terres Magellaniques, contourne le cap Horn, la Terre des États et les îles Malouines, au delà desquelles elle vient tourbillonner dans le vaste golfe qui sépare ces îles de la côte de la Patagonie.

Ce qui précède suffit pour faire voir que les eaux du courant austral qui ne parviennent à la côte du Chili qu'après s'être lentement dirigées vers l'E. entre les parallèles de 40 et 50 degrés de latitude, deviennent tout à coup et simultanément des eaux froides pour les côtes du Pérou, et des eaux chaudes pour l'extrémité méridionale de l'Amérique.

L'existence de ce courant est fondée sur un grand nombre d'observations auxquelles M. Berghaus en a ajouté de nouvelles, en reproduisant ma carte dans sa *Géographie physique*, publiée à Gotha, en 1836.

Les observations de physique, auxquelles j'ai donné tous mes soins, pendant le voyage de *la Coquille*, sont relatives à la détermination de la figure de la terre, au magnétisme et à la météorologie.

Ces observations ont été calculées et publiées peu de temps après mon retour en France. Elles constituent le volume que j'ai déjà présenté à l'Académie des Sciences, en décembre 1833, mais auquel je viens d'ajouter un chapitre entièrement consacré aux conséquences que je suis parvenu à déduire des observations barométriques et thermométriques, dont je n'avais fait connaître que les éléments à cette époque, où j'avais l'espoir d'entreprendre un nouveau voyage.

Mes observations du pendule ont contribué à établir deux faits importants ; l'un, que l'aplatissement de la terre est sensiblement le même dans les deux hémisphères, et l'autre, qu'il existe dans certaines stations des influences locales qui altèrent plus ou moins la marche du pendule.

L'observation de l'inclinaison de l'aiguille aimantée a été faite simultanément à terre et à bord de la corvette, dans toutes les relâches, non-seulement pour constater cette direction du magnétisme, mais encore pour connaître l'influence que pouvait avoir sur elle la masse des fers contenus dans le bâtiment.

J'ai observé l'inclinaison de l'aiguille à la mer, dans toutes les traversées et toutes les fois que les circonstances du temps ont été favorables à ce genre de recherches.

Les inclinaisons recueillies dans la zone torride m'ont fait connaître la position géographique de l'équateur magnétique, dont j'ai déterminé la figure dans la presque totalité de son étendue. Une carte et un mémoire sur cette matière se trouvent insérés dans les *Annales de Chimie et de Physique*, et dans le volume des *Observations de Physique* de mon voyage.

Depuis cette publication, j'ai réuni à mes propres observations toutes celles des voyageurs contemporains, et j'ai obtenu, de cette masse d'éléments, une nouvelle figure de l'équateur magnétique qui diffère extrêmement peu de la première. Le mémoire qui est relatif à cette nouvelle détermination est inséré dans le septième volume *du Traité de l'électricité*, etc., de M. Becquerel.

Le même mémoire contient diverses remarques faites, les unes sur la condition des lignes d'égale inclinaison en général, les autres sur la condition et la position géographique des pôles magnétiques à la surface de la terre.

Les variations horaires de l'aiguille de déclinaison ont été observées dans plusieurs stations du voyage de *la Coquille*. J'en ai donné les résultats.

La question du magnétisme terrestre, dont je m'occupe depuis plusieurs années, sera l'objet d'un mémoire que je me propose de publier très-incessamment. J'ai déjà eu l'occasion de répandre, dans différentes notices, quelques-uns des faits auxquels je suis arrivé en me fondant sur l'ensemble de toutes les observations recueillies jusqu'à ce jour dans toutes les parties du globe.

L'étude du magnétisme de la terre exigeait que l'on eût au moins sous les yeux une figure représentant, non pas la relation que l'on établissait autrefois entre les valeurs numériques de la déclinaison, mais bien la relation qui existe entre les directions mêmes de l'aiguille. Tel est le but que je me suis proposé lorsque j'ai dressé, en 1836, deux grandes cartes, l'une sur la projection de Mercator, l'autre sur la projection polaire, destinées toutes deux à faire connaître la configuration des méridiens magnétiques et la position des pôles magnétiques de la terre.

J'ai rédigé, pour le volume des Observations de Physique du voyage à la recherche de *la Lilloise*, un mémoire sur les observations magnétiques que M. de Blosseville avait faites en Islande.

J'ai communiqué diverses notices à M. Becquerel, qui a bien voulu les insérer dans le 7ᵉ volume de son *Traité de l'électricité*, etc. Ces notices sont les suivantes :

1° Sur les cartes des lignes isodynamiques de MM. Hansteen et Sabine, ainsi que sur celles que j'ai dressées moi-même en 1832, alors que je commençais à saisir la relation qui existe entre la figure de ces courbes et celle des lignes d'égale température ;

2° Sur les observations d'inclinaison et d'intensité magnétiques que j'ai faites dans l'O. de la France, en 1834 ;

3° Sur les intensités magnétiques observées par M. de Rossel dans le voyage à la recherche de la Pérouse ;

4° Sur les intensités magnétiques observées par M. de Freycinet dans le voyage de *l'Uranie;*

5° Sur les intensités magnétiques observées par moi dans le voyage de *la Coquille.*

Enfin, M. Arago a eu la bonté de communiquer, de ma part, à l'Académie des Sciences, le lundi 13 décembre 1841, une notice sur les méthodes que j'ai employées pour déterminer la position géographique des pôles magnétiques, et notamment celle du pôle austral.

Paris. — Typographie de FIRMIN DIDOT frères, rue Jacob, 24.